FACULTÉ DE DROIT DE PARIS.

Thèse
pour la Licence.

L'Acte public sur les matières ci-après sera soutenu, le mercredi 25 novembre 1857, à une heure,

Par AUGUSTE-HENRI DAVID, né à Nîmes (Gard).

Président : M. BUGNET, Professeur,

Suffragants :
- MM. ORTOLAN,
- DURANTON, } Professeurs.
- COLMET DE SANTERRE,
- RATAUD, } Suppléants.

Le Candidat répondra en outre aux questions qui lui seront faites sur les autres matières de l'enseignement.

PARIS.
CHARLES DE MOURGUES FRÈRES, SUCCESSEURS DE VINCHON,
Imprimeurs de la Faculté de Droit,
RUE J.-J. ROUSSEAU, 8.

1857.

A MON PÈRE,

Ancien Avoué à la Cour impériale de Nîmes.

A LA MÉMOIRE DE MON GRAND-PÈRE MATERNEL,

Ancien Magistrat au Tribunal de l'Argentière.

A MON ONCLE,

Magistrat au Tribunal de l'Arquetière.

MEIS ET AMICIS.

JUS ROMANUM.

DE INOFFICIOSO TESTAMENTO.
(Dig., lib. v, tit. 2. Cod., lib. iii, tit. 28.)

PROOEMIUM.

Illud inofficiosum dicitur testamentum, quo violato erga suum sanguinem pietatis officio, cognatos arctissimis vinculis sibi conjunctos, et non solum natura, sed et legibus ad hereditatem suam vocatos, testator ab hereditate sua tamen immerenter amovit.

In principio nullus erat testatoriæ potentiæ finis; sed usus primum, prudentes deinde, sacræque demum constitutiones, hanc nimiam libertatem ad justos terminos reducentes, querelam inofficiosi testamenti cognatis injuste exheredatis obtulerunt. Sed, et jure civili, valente testamento, fictione opus est ut infirmaretur: itaque prudentes testatorem, a quo sine ulla ratione cognati amoventur, insanem atque furiosum esse, hocque colore nullum esse ejus testamentum existimaverunt.

I. *Cujus testamentum huic querelæ subjaceat, et quibus aut adversus quos hæc competat.*

§ 1. Cujuscumque testamento hæc querela minatur. Excipiendi tamen sunt milites, quorum testamentum in castris factum inofficiosum dici non potest, si testator in castris, aut intra annum post militiam, decesserit. Item testamentum valet cujus ipse sibi non illud fecit.

§ 2. Inofficiosi querela iis competit, quos sibi arctissimis vinculis conjunctos, non nisi sanguinis pietate contempta, testator exheredare potuit, et qui jure civili aut prætorio hereditatem ab intestato suscepissent.

1° Liberis hæc querela competit, et non solum iis qui in potestate sunt, sed et emancipatis et iis qui ex emancipatis descendunt, his etiam qui non ex masculis trahuntur.

Spurii quoque de inofficioso testamento matris agere possunt. Posthumi eamdem obtinent querelam adversus testamentum quorum sui heredes vel legitimi potuissent fieri, si in utero mortis illorum tempore fuerint. Denique tam naturalibus quam adoptivis, sed non adrogatis, hæc querela competit.

2° Parentibus et ipsis hæc actio conceditur, nam, turbato mortalitatis ordine, eadem pietas quæ liberos adversus parentes, parentes adversus liberos defendere debet. Et quidem adversus testamentum filii in adoptionem dati pater naturalis recte de inofficioso agere potest.

3° Denique fratribus sororibusque hæc querela competit cum hac distinctione quam Constantinus tradit : « Fratres vel sorores uterini ab inofficiosi actione contra testamentum fratris vel sororis penitus arceantur; consanguinei autem, durante agnatione, vel non, contra testamentum fratris sui vel sororis de inofficioso questionem movere possunt, si scripti heredes infamiæ vel turpitudinis vel levis notæ macula aspergantur, aut libertus sine ullo merito heres institutus sit. »

Cognati autem proprii ultra fratrem et sororem hanc querelam non obtinent.

§ 3. Inofficiosi adversus heredem scriptum querela competit. Et quidem quantum ad liberorum vel parentum actionem pertinet nil interest quis sit heres scriptus ex liberis, an extraneis vel municipibus; adeo ut si, præterita matre, liberi ejus instituti sint, mater adversus liberos suos aget.

Imperatore instituto, inofficiosum dici testamentum potest. Adversus etiam fiscum agitur ad quem ex caducariis legibus pars scripti heredis pervenit.

Cum ex causa fideicommissi alicui restituta est hereditas adversus eum institui querela potest. Et quamvis adversus legatarios querela non moveatur, attamen si collusio suspecta sit inter scriptum heredem et eum qui de inofficioso testamento agit, legatariis in causa adesse et voluntatem defuncti tueri permissum est.

II. Ex qua causa hæc querela competat.

Ob hanc causam querela inofficiosi competit quod quis immerenter exheredatus aut præteritus sit, quod plerumque accidit cum falso parentes instimulati, et pietatis obliti, liberos amovent.

Sed ut hæc competat querela tria occurrere oportet.

§ 1. Oportet ut is qui queritur fuerit exheredatus aut præteritus.

Sed non omnis exheredatio huic querelæ locum dat; nam multi liberos exheredantes, eis tamen reipsa fideicommissam hereditatem relinquunt; item exheredatus præteritusve hic non habetur, cui quarta pars ejus, quod ab intestato habiturus esset, quocumque titulo mortis causa relicta est; item qui per inter vivos donationem quartam accepit.

At quomodo an cui quarta relicta sit æstimabitur?

Quarta non nisi deducto ære alieno et impensa funeris et libertatibus quoque deductis accipitur.

Sed quartam a querela eum non amovere, cui sub conditione relicta est, nisi tamen ea sit conditio ut ipsi prospiciat, notandum est.

Item quarta sub conditione relicta querelam non excludit, nisi sic relicta sit ut nullum gravamen ferat, aut nisi fructus ejus quod amplius quarta relictum est hoc gravamen pensaverint.

Item si fideicommissum quo quis erga coheredes suos in quarta gravatus est, reciproco fideicommisso quo heredes vicissim erga ipsum graventur, compensatum fuerit, non intelligetur gravatus.

Non magis in quarta gravatus censetur filius ex eo quod ipsi pupillariter quis a testatore substitutus fuerit, nam hoc tantum voluisse ne filius intestatus decedat testator videtur.

Vidimus ita querelam alicui competere nisi ei quarta relicta sit. Quod si minus quarta ei relictum sit, et si cum aliis testatoris heredibus heres scriptus sit, querela tamen competit ei, nisi supplementum petere malit.

Sic jure Pandectarum circa quartam decretum fuerat; sed principes et imprimis Justinianus hoc jus mutaverunt.

Zeno constituit ut donatio ante nuptias filio, et similiter dos filiæ, in ejus hereditate, a quo ipsi donata fuerit, in quartam ipsius imputaretur.

Militiam ex pecunia patris filio comparatam, si talis ea sit ut vendatur, vel ut mortuo militante certa pecunia ad heredes transmittatur, in quartam computari posse Justinianus edidit.

Inofficiosi quærelam isdem legislator filio parentive denegavit cui relicta quarta quocumque modo fuerat, sed dedit ei condictionem ad petendum hoc quod minus quarta relictum fuerat, quasi lex hoc supplendi tacite subaudiri debeat. Hocque supplementum, non tantum cum testator minus quarta reliquerat, sed cum filius aliquocumque post facto minus quarta reipsa acceperat, posse peti jussit; hancque quartam ex ipsa substantia patris compleri constituit. Voluit etiam ut omnis conditio, dilatio aut gravamen quæ circa quartam adscriberentur, non præberent querelæ locum, sed pro non scripta haberentur.

Pœnam quinimo edidit contra-heredem qui in præstanda quarta usque ad sententiam judicis contumax fuerit.

Orthodoxos hereticorum parentium liberos si in parentes non deliquerint pro quarta partem quam ab intestato habuissent, si vero deliquerint, legitimam tantum quartam habere Justinianus decrevit.

Tale est jus Codicis; sed Novellis legitima liberorum aucta est ut si quatuor vel pauciores liberi fuerint triens, si plures, semis jure legitima debeatur; jussumque fuit hanc legitimam jure institutionis relinqui ut querelam excluderet.

§ II. Oportet ut is qui quæritur fuerit immerenter exheredatus præteritusve.

Sunt enim legitimæ exheredationis aut præteritionis causæ, aliæ quæ ad liberos, aliæ quæ ad parentes pertinent.

Hæ causæ jure Digestorum arbitrio judicis plerumque relinquebantur. Sed nunc Novellis enumerantur. Septem sunt quæ parentes, bis septem quæ liberos ab inofficiosi querela arceant. Sed non est hic locus has causas longius exponendi.

Ubi nulla exheredationis vel præteritionis est causa legitima querela competit ei qui præteritus est quamvis per errorem sit præteritus. Tamen non nisi heres institutus sit extraneus hæc actio datur; si alii liberi institutione habeant hereditatem, præteritus, cui querela denegatur, succurri debet ut cum eis in virilem concurrat.

§ III. Oportet ut ei qui quæritur nullum aliud remedium suppetat.

Itaque patet non competere quærelam :

1° Illis qui a patre præteriti fuere sive in potestate testatoris, sive emancipati fuerint. Revera, quoad primos nullius est momenti testamentum, aliique contra tabulas possessionem bonorum obtinere valent. Si vero, a matre vel a materno parente præteritus fuerat aliquis, huic ista competebat actio.

2° Nec filiabus vel aliis per virilem sexum descendentibus liberis utriusque sexus, qui omissi fuerunt, quia jure Pandectarum jus adcrescendi eis præstabatur, ad certam portionem.

Dicere supervacuum est illos a quærela Novellis amotos fuisse, quippe, illis præteritis, nullius momenti dicere testamentum Justinianus permisit.

3° Nec adrogatis quidem, his enim querela negatur quia ex constitutione Divi Pii quartam habent.

4° Nec illis quibus mortis causa testator quartam partem ejus, quod ad illos esset perventurum si intestatus decessisset, donaverit.

III. *De ratione movendæ querelæ, et quæ in hoc judicio observentur.*

In ea provincia de inofficioso agi oportet in qua scripti heredes domicilium habent.

Si filius exheredatus possideat hereditatem, nil agat, sed via exceptionis excipiat actionem scripti heredis qui hereditatem ex testamento petit. Si contra scriptus heres in hereditatis possessione sit, in illum filius exheredatus agat, sed scriptus heres, pendente causa, in possessione maneat.

Dicta pro filio sententia filius ex hereditate ali debet, si egenus sit, pendente provocationis lite.

Distinguendum est an liberi aut parentes querelam moveant.

Filius querens probabit se semper debitum obsequium exhibuisse. Contra cum parentes queruntur, scriptus heres ut vincat eos injuriam testatori tulisse probare debet.

In sententia si pars judicantium ab altera differt, præstabunt illi qui secundum testamentum spectavere, nisi eos inique judicasse sit manifestum.

IV. *De effectu sententiæ quæ inofficiosum testamentum pronuntiat, et transactionis super eadem re.*

§ I. Quis sit effectus sententiæ quæ inofficiosum dicit testamentum cum adversus omnes scriptos heredes lata est et egit quis in solidum.

Si ex causa de inofficioso cognoverit judex et pronuntiaverit contra testamentum, nec fuerit provocatum, ipso jure rescissum est; et suus heres erit secundum quem judicaverit, aut bonorum possessor. Ipso jure etiam libertates non valent, legata non debentur, sed soluta repetuntur aut ab eo qui solvit aut ab eo qui obtinuit.

Attamen qui querelam instituit et obtinuit hereditatem non servabit nisi in ordine ab intestato succedenti fuerit prior, vel, si qui eum præcedant, omnes querelæ renuntiaverint vel ab ea exclusi fuerint. Alioquin victoria victori non prodest, sed illis qui ab intestato vocantur.

Quod si is qui solus obtinuit non fuerit solus in priori gradu, victoria ejus his personis prodest, quæ cum eo hunc gradum occupant, nisi repudiandi animo ipsæ ad accusationem testamenti non processerint.

Hunc autem repudiandi animum hic habere censetur non

solum qui non agit, sed et is qui se tempore excludi passus est. Unde pars ejus qui egit et obtinuit, accrescit. Sed repudiandi animum habere non videtur ille qui cum ipse scriptus esset hereditatem ex testamento adiit, igitur tamen qui de inofficioso egerit et obtinuerit concurrere potest.

Rescisso testamento heres scriptus hereditatem nunquam acceptavisse videtur, et ideo petitionem integram debiti adversus eum qui superavit et compensationem debiti habere.

Libertates, legata et omnia quæ testamento continentur, invitis etiam codicillaribus clausulis in testamento scriptis, corruunt. Fideicommissa et ipsa non scripta habentur, quasi a demente facta. Attamen libertates et legata valent : 1° cum errore quis in testamento præteritus est; 2° cum herede non respondente judicatum est.

Sunt et alii casus quibus libertates specialiter sustinentur, veluti si fideicommissæ sint, aut testamentum post quinquiennium rescissum fuerit.

Non ideo tamen donatio, neque dos quam vivus ei qui superatus est testator fecit cadente testamento cadent.

§ 2. De effectu sententiæ quæ inofficiosum testamentum pronuntiat quum adversus quosdam duntaxat ex heredibus scriptis lata est, cum quis pro parte duntaxat egit.

Circa inofficiosi querelam sæpius in eadem causa diversæ sunt sententiæ. Velut si fratre agente heredes scripti diversi juris sint; aut cum apud diversos judices et adversus diversos heredes filius queritur. In his casibus defunctus partim testatus partim intestatus decessisse videtur. Itaque filius creditores convenire et ipse a creditoribus convenire pro parte potest, et corpora vindicare et hereditatem dividere.—In hoc casu victoria nemini prodest nisi victori. Cum maneat saltem pro parte causa testamenti quæ alios excludit. Item si adversus unicum quidem scriptum heredem aliquis egerit et superaverit, sed pro sua parte duntaxat.

Hinc legata et fideicommissa non debentur, sed libertates valent.

§ 3. Transactionis super querela inofficiosi non isdem effectus est ac sententiæ. Nam transactio testamentum non infirmat. Testator non intestatus mortuus esse videtur; ideo libertates aut legata quæ in testamento ordinavit plenum habent effectum.

V. *Quemadmodum cesset querela inofficiosi.*

Hæc querela cessat :

1° Si is cui competebat super ea transegerit et is contra quem lata fuerat transactionem fuerit exsecutus;

2° Si is cui competebat defuncti judicium expresso consensu aut tacito approbaverit. Velut si legatum accipiat, aut petat; vel si partem hereditatis ab herede scripto emerit.

3° Si intra tempus non fuerit mota. Hoc tempus olim fuit biennium, postea ad quinquennium productum est; hoc autem tempus non ex die mortis, ut putaverat Modestinus, sed ex die aditæ hereditatis currere, juxta Ulpiani sententiam Justinianus decrevit.

4° Si is cui competebat moriatur, non præparata lite, querelam heredi suo non transmittit.

Sed si causa inofficiosi defuncto præparata fuerit transit ad heredes, nisi defunctus post hanc præparationem mutasse voluntatem probetur.

POSITIONES.

I. Potest impuber adrogatus qui de inofficioso dixit et superatus est, quartam servare ex Divi Pii constitutione.

II. Deductis libertatibus quarta ineunda est.

III. Potest infirmari regula juris quæ prohibet aliquem pro parte testatum et pro parte intestatum decedere.

IV. Non sibi legata pater amittet, cum pro filio inofficiosum testamentum materni avi filii dixerit.

DROIT FRANÇAIS.

DES DONATIONS ENTRE VIFS ET DES TESTAMENTS.
(Code Nap., liv. 3, tit. 2, chap. 1, 2, 3, art. 893-930 (excepté 896, 897, 898,
art. 1094, 1098. Loi du 14 juillet 1819, sur la capacité des échanges.)

CHAPITRE PREMIER.

NOTIONS PRÉLIMINAIRES ET DISPOSITIONS GÉNÉRALES.

Quoique la libre disposition de nos biens paraisse une suite nécessaire du droit de propriété que nous avons sur eux, la loi a dû en régler les modes et en fixer les limites.

En assujettissant la faculté de disposer à titre gratuit, à des modes déterminés, à des formes prévues rigoureusement, la loi a voulu non-seulement apporter quelques entraves à une liberté qui serait dangereuse pour la société, pour la famille, et pour celui-là même qui en abuserait, mais encore entourer celui qui veut se dépouiller ainsi de tout ce qui peut le porter à n'accomplir un tel acte qu'après de sérieuses réflexions.

En limitant le droit de disposer, en déclarant certaines personnes incapables de donner, de recevoir, en fixant jusqu'à quelle quotité de sa fortune un homme peut élever ses libéralités, elle a voulu protéger la faiblesse des uns, réprimer la cupidité des autres, et assurer un lien de plus à la famille.

L'art. 893 du Code Napoléon, ne reconnaissant que deux modes de dispositions à titre gratuit, savoir : les donations entre vifs et les testaments, a, par cela même, rejeté et déclaré nulles les donations à cause de mort, fort usitées dans l'ancien droit, malgré les vices inhérents à leur nature même, nature essentiellement bâtarde, tenant de la donation entre vifs et du testament, et ouvrant la porte à toutes sortes de difficultés et de litiges.

On ne peut donc disposer à titre gratuit que de deux manières : par donation entre vifs ou par testament.

Il serait assez difficile de donner une définition parfaite de la donation entre vifs; celle que nous fournit le Code prête beaucoup à la critique, la voici : « La donation entre vifs est un « acte par lequel le donateur se dépouille actuellement et irré- « vocablement de la chose donnée en faveur du donataire qui « l'accepte. » Mais quelque inexacte que soit cette définition, en la corrigeant et en la commentant un peu, nous arriverons pourtant à donner une idée à peu près juste de la donation entre vifs.

« La donation entre vifs est un acte... » la donation entre vifs n'est pas un acte, puisqu'elle exige, pour être parfaite, le concours de deux volontés ; la donation entre vifs n'est donc pas un acte, mais un contrat *sui generis* soumis aux règles générales des conventions et à quelques règles spéciales.

« La donation est un acte par lequel le donateur se dépouille actuellement... » on pourrait croire en lisant ces mots que la tradition de la chose qui fait l'objet de la donation est nécessaire à sa validité. Ce qui n'est pas. La donation peut, en effet, être à terme ou conditionnelle. Ce qu'a voulu dire le Code, c'est qu'à la différence du testament, qui n'établit qu'une probabilité pour l'avenir, c'est-à-dire un droit purement éventuel, la donation crée, au profit du donataire, un droit actuel, par conséquent, un droit indépendant des caprices du donateur, cessible à des tiers, transmissible aux héritiers, et qu'il est permis de défendre par l'action si connue de l'art. 1180 du Code Nap.

« La donation est un acte par lequel le donateur se dépouille irrévocablement..., n'est pas non plus bien exact. Cela semblerait dire que rien au monde ne peut faire révoquer la donation. Ce qui n'est pas. Nous avons vu que la donation pouvait être conditionnelle, et dans une donation sous condition, le donateur ne se dépouille pas irrévocablement. Bien plus, toute donation est révocable pour cause d'ingratitude, d'inexécution de conventions ou de survenance d'enfants. Donc, on ne peut pas dire que l'irrévocabilité soit un caractère essentiel de la donation. La donation n'est essentiellement irrévocable que de la part du donateur, en ce sens que le donateur ne peut, par aucun acte qui dépende uniquement de sa volonté, faire rentrer entre ses mains les biens dont il s'est dépouillé par donation, et c'est là ce qu'a voulu dire le Code.

Par conséquent, il ne faudra pas admettre dans une donation les conditions potestatives de la part du donateur; car ce serait pour lui un moyen de révoquer sa libéralité au gré de son caprice.

Mais pourquoi le principe de l'irrévocabité des donations par rapport au donateur?

Il nous semble en trouver la cause dans la nature même de ce contrat.

Une fois que le donateur a, par le contrat dont il est question, renoncé à la propriété de sa chose, quand il a manifesté l'intention de s'en dépouiller, quand le donataire, par son acceptation et par la volonté du donateur, a été investi du droit de propriété ; le donateur n'a aucun titre pour réclamer ; avant la donation, la chose lui appartenait, il pouvait tout sur elle : il pouvait, soit en la détruisant, soit en la donnant, faire qu'elle ne fût plus sienne ; mais une fois qu'en usant de cette faculté il a détruit son droit, il ne peut plus faire qu'une chose qui n'est pas à lui soit à lui.

Bien plus, la donation n'est parfaite que par l'acceptation du donataire, il a fallu deux volontés pour que la donation existât, il faudrait donc aussi le concours de deux volontés pour qu'elle fût détruite. Et il est probable qu'en cela le donataire ne serait pas toujours d'accord avec le donateur.

A cette raison, on pourrait ajouter que l'ancien droit avait eu soin de proclamer et de mettre bien en évidence cette partie de la nature des donations, afin de porter à réfléchir ceux qui se sentaient poussés à des libéralités excessives, et à éluder ces dispositions sur la quotité disponible par testament. On y regarde à deux fois avant d'accomplir un acte, quand on sait qu'une fois cet acte accompli, il sera trop tard pour s'en repentir.

Disons encore que si le donateur pouvait, à son gré, reprendre la chose donnée, la propriété de cette chose serait incertaine, et tout le monde y perdrait.

Nous avons dit que la donation était un contrat ; en effet, elle n'est parfaite que par l'acceptation du donataire. La loi a imposé cette formalité afin d'ajouter à la solennité du contrat de donation, et sans doute aussi, afin de mettre une entrave de plus à une faculté souvent dangereuse.

Voyons maintenant quelle est la nature du testament. Cette fois-ci, nous pourrons accepter telle quelle la définition du Code.

« Le testament, dit l'art. 895, est un acte par lequel le testa-
« teur dispose pour le temps où il ne sera plus, de tout ou partie
« de ses biens, et qu'il peut révoquer. »

Cette fois-ci, le Code a raison de dire que le testament est un acte, car une seule volonté suffit à sa formation. Mais pourquoi la loi dit-elle que le testament est un acte dans lequel on dispose de tout ou partie de ses biens ? A quoi bon les mots : *ou partie de ses biens ?* Qui peut le plus, peut le moins, et si l'on peut disposer de tous ses biens, à plus forte raison le peut-on d'une partie. Cette vérité si évidente ne l'était pas en droit romain. Nul ne pouvait mourir partie testat et partie intestat. Et c'est pour montrer qu'il renonce en cette occasion au principe romain que le Code ajoute ces mots, qui, sans cela, eussent été parfaitement inutiles.

Des deux définitions que nous venons de donner, il est facile de déduire les différences qui distinguent la donation entre vifs du testament.

1° La donation est un contrat, et exige le concours de deux volontés. Le testament est un acte, et une seule volonté suffit à sa perfection.

2° La donation transfère un droit actuel, le testament ne donne que des espérances.

3° La donation est irrévocable de la part du donateur ; le testament, au contraire, peut être détruit ou refait par le testateur.

Passons maintenant aux conditions qu'il est défendu d'insérer dans les donations ou les testaments. L'art. 900, qui les énonce, a soulevé de nombreuses controverses. « Dans toute disposi-
« tion entre vifs ou testamentaire, les conditions impossibles,
« celles qui seront contraires aux lois ou aux mœurs, seront
« réputées non écrites. »

L'art 1172, au contraire, déclare nulle toute convention

dans laquelle serait intervenue une condition de ce genre.

Pourquoi cette différence entre les contrats à titre onéreux et les contrats à titre gratuit? Pourquoi la loi se borne-t-elle à déclarer nulle la condition ridicule ou contraire aux lois, qui se trouve dans une donation ou un testament, tandis que la présence d'une condition pareille suffit à rendre nul un contrat à titre onéreux?

Cette différence est facile à expliquer pour le testament. On comprend que la loi n'ait pas voulu anéantir la libéralité faite sous de telles conditions, parce qu'en définitive c'eût été punir le légataire d'une faute qui n'était pas la sienne.

Mais comment se fait-il que la loi qui déclare nul un contrat à titre onéreux qui renferme une condition impossible ou immorale, parce qu'elle veut punir les parties de leur immoralité, laisse subsister une donation faite sous la même condition, et se contente de déclarer la condition non écrite.

L'acheteur qui souscrit à une vente qu'on lui fait sous des conditions prohibées est-il plus coupable que le donataire qui accepte une donation avec des conditions déshonorantes? Nous pensons le contraire, et nous ne pouvons expliquer l'art. 900 que par une distraction du législateur.

CHAPITRE II.

DE LA CAPACITÉ DE DONNER ET DE RECEVOIR PAR DONATION ENTRE VIFS OU PAR TESTAMENT.

Avant d'aborder cette question, établissons une distinction importante, et ne confondons pas l'incapacité avec l'indisponibilité. La loi, qui trace des limites à la faculté de disposer à titre gratuit, les tire tantôt de la personne du donateur, tantôt de celle du donataire, tantôt de l'intérêt que doivent nécessairement lui inspirer les personnes que le donateur dépouillerait en se dépouillant lui-même par une générosité déplacée.

On peut donc distinguer l'incapacité de l'indisponibilité. L'une regarde les personnes qui sont parties dans le contrat, ou intéressées dans l'acte ; l'autre regarde les choses qui en font l'objet. L'une dit quelles personnes ne peuvent pas donner ou recevoir; l'autre fixe la quotité du patrimoine, qui ne peut être ni donnée ni reçue; l'une rend nul l'acte ou le contrat à l'instant même de sa formation ; l'autre ne fait qu'en modifier et en atténuer l'effet, et n'a même cette influence qu'à l'ouverture de la succession du disposant.

Cela posé, remarquons qu'en général tout le monde peut donner ou recevoir. La capacité est la règle dont l'incapacité fait l'exception.

De sorte que, pour savoir quelles personnes sont capables, il suffit de savoir quelles personnes sont incapables.

Il est plusieurs sortes d'incapacités ; on distingue l'incapacité absolue et l'incapacité relative, et chacune d'elles se divise en incapacité de donner et en incapacité de recevoir.

A propos des incapacités absolues de disposer, nous remarquerons qu'il est des personnes qui ne peuvent ni donner ni tester; qu'il en est qui peuvent tester et non donner, et que d'autres peuvent donner et non tester.

1° Ne peuvent ni donner ni tester :

1° Ceux qui ne sont pas sains d'esprit L'art. 901 s'exprime ainsi : « Pour faire une donation entre vifs ou un testament, il faut être sain d'esprit. »

Pourquoi le Code répète-t-il ici un principe déjà énoncé dans l'art. 504 ? Est-ce une répétition inutile, une pure distraction du législateur, ou l'art. 901 dit-il quelque chose de plus que l'art. 504 ?

Des législateurs peuvent avoir des distractions; nous l'avons vu plus haut à propos de l'art. 900; mais en général ils n'en ont pas, et nous pensons qu'il faut toujours supposer une raison d'être aux moindres dispositions de la loi. Dans ce cas, en particulier, il est facile de s'en convaincre. Lisons l'art. 504. N'est-il pas évident que, tout en comprenant dans ses dispositions les donations et les testaments, il ne permet d'attaquer pour cause de démence que les actes de ceux dont l'interdiction a été prononcée ou provoquée, à moins que la preuve de cette même démence ne résulte trop évidemment de l'acte attaqué; tandis que l'art. 901, sans s'occuper de la question de savoir si la donation ou le testament ont été faits par un homme habituellement en démence ou dont l'interdiction a été obtenue ou au moins demandée, ou si l'acte est en lui-même entaché de folie, déclare incapables de tester tous ceux qui ne sont pas sains d'esprit.

Mais, dira-t-on, un homme qui ne serait pas sain d'esprit en faisant un testament ou une donation, serait infailliblement protégé par l'art. 504; car ou bien il serait interdit, ou son interdiction serait demandée, ou l'acte qu'il ferait porterait des traces de sa démence. Ces trois hypothèses ne sont pas les seules que l'on puisse prévoir, et c'est ce qui explique l'utilité de l'art. 901.

Il se pourrait en effet que des personnes avides profitassent d'un moment d'exaltation ou de démence passagère pour arracher à quelqu'un une donation en bonne forme, et qui échapperait à l'action de l'art. 504.

2° La loi du 31 mai 1854, en abolissant la mort civile, en a maintenu les effets en matière de libéralité, et déclare par conséquent incapables de disposer à titre gratuit ceux qui sont condamnés à une peine afflictive et perpétuelle.

3° Le mineur âgé de moins de seize ans est pareillement incapable, sauf le cas de mariage.

4° Enfin, les interdits depuis leur interdiction.

Peuvent tester et non donner :

1° Le mineur âgé de plus de seize ans. Toutefois sa capacité n'est pas complète : il ne peut disposer que de la moitié de ce dont il eût pu disposer s'il eût été majeur, c'est-à-dire de la moitié de la quotité disponible.

2° La femme mariée. Elle ne peut sans l'autorisation de son mari ou de justice se dépouiller entre vifs, car ce serait aller contre la soumission qu'elle doit à son mari. Mais elle peut tester, car son testament ne produira son effet qu'après la dissolution du joug marital.

3° Les prodigues, c'est-à-dire ceux qui sont pourvus d'un conseil judiciaire.

Peut donner et non tester :

Le mineur de seize ans qui se marie. La loi ne lui permet pas de tester, et lui laisse pourtant la faculté de donner, avec l'assistance de ceux dont le consentement est requis pour la validité de son mariage, tout ce qu'elle permet à l'époux majeur de donner à son conjoint.

Les personnes absolument incapables de recevoir par donation ou par testament sont :

1° Ceux qui ne sont pas encore conçus au moment de la donation ou de la mort du testateur.

2° Les étrangers. Le Code civil n'appelait les étrangers à succéder en France que dans le cas où les lois de leur pays concédaient la même faveur aux Français; mais le système de réciprocité a été abandonné par la loi du 14 juillet 1819, qui nous régit encore. Il y est dit : « Tous les étrangers pourront recevoir en France, par donation ou par testament, sans considérer s'ils appartiennent à un pays où nous jouissons des mêmes avantages. »

3° Enfin les personnes de mainmorte. Elles ne peuvent recevoir une libéralité tant qu'elles n'ont pas obtenu du gouvernement l'autorisation de l'accepter.

En voyant quelles sont les incapacités relatives de disposer nous verrons par contre coup les incapacités relatives de recevoir.

1° Sont incapables de disposer par testament, les mineurs parvenus à l'âge de seize ans au profit de leur tuteur. Ils sont bien jeunes encore, leur tuteur exerce une grande influence sur leurs déterminations, et il leur serait facile d'en abuser pour faire faire un testament en leur faveur sans la prévoyance de la loi.

2° Sont incapables de disposer soit par donation entre-vifs, soit par testament, les mineurs devenus majeurs tant que le compte de tutelle n'a pas été rendu et apuré; car il ne s'est pas encore écoulé assez de temps pour que le pupille ait pu se soustraire à l'influence de son tuteur.

3° Sont relativement incapables le père ou la mère d'un enfant naturel dans leurs rapports avec cet enfant.

Le Code, au titre des successions *ab intestat*, n'accorde aux enfants naturels que le tiers de ce qu'ils auraient s'ils étaient légitimes; il ne faut pas que par des libéralités entre-vifs ou testamentaires ils puissent recevoir davantage. Et c'est à cela qu'a pourvu l'art. 908. Mais comme il s'agit ici d'un cas d'indisponibilité plutôt que d'incapacité, il faudra, pour savoir si l'enfant naturel a reçu plus que sa portion légale, se reporter au décès du testateur ou du donateur.

4° La loi établit également une incapacité relative de disposer et de recevoir par donation entre-vifs ou testamentaire pour les malades à l'égard des médecins et de toutes autres personnes qui s'occupent de leur guérison, pendant leur dernière maladie, ainsi qu'à l'égard des ministres du culte quel qu'il soit qui les assistent à leurs derniers moments. Il y a ici présomption de captation. Mais remarquons bien que si le malade revient à la vie, la donation ou le testament par lui faits seront valables. La loi a présumé en prononçant cette validité que le testateur revenu à la santé pouvant révoquer son testament, s'il ne le révoque pas c'est qu'il n'y a pas eu captation. Mais la même révocabilité n'existe pas pour les donations, et le danger reste le même, de sorte que l'art. 909 ne pare qu'à une bien faible partie des inconvénients qu'il voudrait éviter.

Faisons bien attention à ceci, c'est que l'art. 909 ne réprime que les libéralités à titre universel Les donations ou les legs qui n'ont rien d'excessif sont parfaitement autorisés. Il serait injuste d'empêcher un mourant de récompenser les soins zélés d'une personne qui par son dévouement a adouci l'horreur de ses derniers instants.

Ajoutons encore que les parents jusqu'au quatrième degré inclusivement, qui, en leur qualité de ministres d'un culte ou de médecins, ont assisté leur parent, ne sont pas présumés obtenir par captation les libéralités qu'ils reçoivent.

Après avoir posé des incapacités, il fallait leur trouver une sanction, prévoir et réprimer les fraudes qu'il serait possible de faire pour éluder la loi. On pourrait en effet, si le Code n'y prenait garde, anéantir les incapacités qu'il crée, soit en déguisant sa libéralité sous les apparences d'un contrat à titre onéreux, soit en la faisant à un incapable sous le nom d'une personne interposée.

Dans ces deux cas, il est permis à toute personne intéressée de démontrer par quel moyen que ce soit que le prétendu contrat à titre onéreux est simulé ou fait à une personne interposée. Dans ce dernier cas on sera même dispensé de toute preuve, et la présomption légale d'interposition devra être admise sans pouvoir être combattue, lorsque la donation aura été faite au père ou à la mère, aux enfants ou descendants, ou au conjoint de l'incapable.

Reste maintenant à savoir à quelle époque la capacité doit exister.

Occupons-nous d'abord des donations. Elles se composent de trois opérations, qui peuvent n'avoir lieu que quelque temps l'une après l'autre, à savoir : l'offre, l'acceptation, la notification de l'acceptation. Il faut que le donateur soit capable à chacun de ces trois moments. Quant au donataire, il suffit qu'il soit capable quand il accepte et quand il notifie son acceptation.

Pour ce qui concerne les testaments ; il suffit que le testateur soit capable au moment où il fait son testament, et quant au légataire, sa capacité n'est exigée qu'au moment du décès du testateur, car ce n'est qu'alors que son droit commence. Dans toute cette matière la maxime *media tempora non nocent* est applicable.

CHAPITRE III.

DE LA PORTION DE BIENS DISPONIBLE.

Ce n'était pas assez pour la loi d'avoir, au moyen des formalités qu'elle exige et des incapacités qu'elle crée, mis des entraves au droit de disposer à titre gratuit qui résulte du droit de propriété ; elle a voulu, toujours dans l'intérêt de la famille, le restreindre dans des limites certaines et infranchissables. C'est pour cela qu'elle établit la quotité disponible. Et en disant jusqu'à quel point il est permis à quelqu'un de disposer de ses biens au préjudice de ses héritiers, elle dit aussi quelle est la portion de ces mêmes biens qu'elle réserve en leur faveur.

On peut définir la réserve une portion de la succession *ab intestat* que la loi assure à certains héritiers contre les libéralités du défunt.

Mais le Code n'établissant la réserve qu'en fixant la quotité disponible, nous ferons comme lui et ce sera par contre-coup que nous fixerons la réserve. Remarquons, avant d'aller plus loin, que la quotité disponible varie suivant le nombre et la qualité des héritiers que laisse le disposant.

1° La réserve des descendants varie suivant le nombre des enfants qu'a laissés le *de cujus*. S'il laisse un enfant, la quotité disponible sera de la moitié; s'il en laisse deux, du tiers; s'il en laisse trois ou un plus grand nombre, du quart seulement.

Les petits-enfants, quelque nombreux qu'ils soient, ne comptent que pour l'enfant qu'ils représentent.

Bien que l'art. 913 ne parle que des enfants légitimes, il faut dire aussi que la réserve existe également en faveur des enfants légitimés et des enfants adoptifs, car ces enfants acquièrent, par la légitimation ou l'adoption, les mêmes droits que les enfants légitimes.

Nous avons défini la réserve une portion de la succession *ab intestat* que la loi assure et protège contre les libéralités du défunt ; d'où nous pouvons conclure que, pour avoir droit à la réserve, il faut être héritier et, par conséquent, que celui qui cesse d'être héritier perd tout droit à la réserve. Ainsi l'enfant qui n'est pas encore conçu et l'absent n'étant pas héritiers, et l'indigne ou le renonçant ayant cessé de l'être, ne peuvent réclamer la réserve.

2° Si le défunt laisse des ascendants dans la ligne paternelle et dans la ligne maternelle, la réserve en leur faveur est de la moitié ; autrement dit la réserve pour chaque ligne ascendante est d'un quart des biens de la succession. Les ascendants légitimes, ceux qui ont légitimé leur enfant, et les ascendants naturels ont droit à la réserve. Les ascendants adoptifs en sont exclus.

Mais il ne suffit pas d'être ascendant pour avoir droit à la réserve, il faut aussi être héritier dans la succession *ab intestat*. Ainsi, les père et mère n'ont aucun droit sur la succession de leur enfant, qui lui-même laisse un enfant pour héritier; ainsi encore, les ascendants autres que père et mère n'ont aucun droit lorsque le *de cujus* laisse des frères ou sœurs.

Mais si le défunt n'a laissé ni ascendants ni descendants, il a la libre disposition de tous ses biens. Il n'y a pas lieu non plus à la réserve lorsque le défunt laisse des ascendants autres que ses père ou mère en concurrence avec un frère ou une sœur; car nous avons vu que la présence d'un frère ou d'une sœur du défunt enlevait aux ascendants qui ne sont pas au premier degré tout droit à la réserve.

Remarquons que les ascendants sont maîtres de se présenter à la succession, soit comme héritiers *ab intestat*, soit comme héritiers réservataires, suivant qu'il est de leur intérêt de prendre l'une ou l'autre de ces qualités.

La quotité disponible peut être donnée ou léguée à qui que ce soit; mais la libéralité faite à l'un des successibles est rapportable si elle n'est faite à titre de préciput et hors part. La dispense du rapport peut être écrite, soit dans l'acte qui fait la libéralité, soit dans un acte séparé et même particulier; pourvu, bien entendu, que cet acte soit conforme aux règles à suivre pour faire un testament ou une donation.

Après avoir donné ces règles générales, le Code s'occupe des libéralités qui ont pour objet un droit d'usufruit ou une rente viagère. Il se peut que le *de cujus* donne ou lègue une rente viagère ou un usufruit dont la valeur réelle soit de beaucoup supérieure à la quotité disponible. Mais comme la personne, en faveur de laquelle a lieu le don, peut ne pas vivre longtemps, et la charge, quelque lourde qu'elle soit, se trouver bientôt éteinte, il est fort difficile d'apprécier si le testateur a réellement dépassé la quotité disponible. La loi prévoit cette difficulté, et décide que les réservataires ont le droit de choisir ou d'abandonner au légataire la complète propriété de la quotité disponible, ou d'accomplir en entier la volonté du testateur.

L'art. 918 prévoit une nouvelle fraude possible aux dispositions précédentes, et s'exprime ainsi : « La valeur en pleine propriété des biens aliénés, soit à charge de rente viagère, soit à fonds perdu ou avec réserve d'usufruit à l'un des successibles en ligne directe, sera imputée sur la portion disponible, et l'excédant, s'il y en a, sera rapporté à la masse; cette imputation et ce rapport ne pourront être demandés par ceux des autres successibles en ligne directe qui auraient consenti à ces aliénations, ni, en aucun cas, par les successibles en ligne collatérale. »

Ce n'est pas assez de protéger les membres de la famille contre les étrangers, il fallait encore les protéger les uns contre les autres. Un père peut être porté à avantager un de ses enfants au préjudice des autres; et comme la loi restreint ses facultés, il peut chercher à l'éluder en vendant une partie considérable de ses biens à ce fils, soit moyennant un prix quelconque, soit à charge d'une rente viagère, soit à fonds perdu, soit avec réserve d'usufruit. Un tel acte passé avec tout autre qu'un fils serait réputé loyal et valable, et pourrait fort bien ne renfermer aucune faveur; mais le contrat conclu avec un successible en ligne directe est regardé par la loi comme renfermant une libéralité, et, en cette qualité, les biens qui en sont l'objet sont soumis à la réduction : à la réduction, et non au rapport, comme paraît l'indiquer l'art. 918. Il y a ici présomption de fraude; mais la loi n'annule pas la vente : elle se contente de lui rendre son véritable caractère, et de la traiter comme une donation.

Mais si pourtant les parties sont de bonne foi, la loi leur offre un moyen de conserver à leur contrat le caractère à titre onéreux qu'il a réellement ; elles n'ont qu'à faire intervenir les autres successibles en ligne directe, c'est-à-dire les héritiers réservataires qui, étant intéressés à ce qu'aucune libéralité frauduleuse n'ait lieu, prouveront par leur intervention la sincérité du contrat. Il n'y a que les héritiers réservataires qui jouissent de l'action de l'art. 918, par conséquent, les collatéraux en sont exclus.

Voyons maintenant quelle est la quotité disponible entre époux.

La loi prévoit trois hypothèses que nous allons examiner rapidement.

Première hypothèse. — Si l'époux disposant est sans enfants et laisse un ou plusieurs ascendants, il peut donner à son conjoint, d'abord la propriété de tout ce dont il aurait pu disposer envers un étranger, et, en outre, l'usufruit de tout ce que la loi réserve aux ascendants, ce qui réduit cette réserve à quelque chose de dérisoire et la rend parfaitement inutile aux ascendants.

Deuxième hypothèse. — Si le *de cujus* laisse des enfants issus de son mariage avec la personne à laquelle il fait des libéralités, ces libéralités peuvent être d'un quart en propriété et d'un quart en jouissance, ou d'une moitié en jouissance seulement. Mais il fait remarquer que cette disposition est toute favorable à l'époux donataire et ne pas la retourner contre lui.

Troisième hypothèse. — Si le *de cujus* laisse des enfants d'un précédent mariage, il ne peut donner à son conjoint qu'une part d'enfant le moins prenant, sans que cette part puisse jamais dépasser le quart de ses biens.

En résumé, la quotité disponible entre époux dépasse la quotité disponible ordinaire, dans les deux premières hypothèses que nous venons d'établir, et est dépassée par elle dans la troisième.

CHAPITRE IV.

DE LA RÉDUCTION.

Le Code a fixé jusqu'à quel point chacun peut disposer à titre gratuit de son patrimoine. Mais à toute loi il faut une sanction. La sanction de la loi sur la quotité disponible se trouve dans la réduction qu'elle ordonne des libéralités qui l'excèdent.

La réduction est le droit qu'ont les héritiers réservataires de conserver pour eux les biens que le défunt a légués au delà de la quotité disponible, ou de reprendre aux donataires tout ce qu'ils ont reçu au delà de cette même quotité. Le droit de réduction n'est qu'une suite du droit de réserve et naît avec lui au moment de l'ouverture de la succssion. On examine d'une part, la qualité et le nombre des héritiers que laisse le défunt, et d'autre part, ce que serait son patrimoine, s'il n'eût pas fait de libéralité. En conséquence, on calcule la réserve non d'après la qualité et le nombre des héritiers réservataires au moment ou la donation ou le testament ont été faits, mais d'après leur nombre et leur qualité au moment du décès, et il faut considérer les biens non du moment de l'acte, mais les biens que le disposant eût laissés en mourant s'il n'eût pas fait de libéralités.

Peuvent demander la réduction :

1° Les héritiers réservataires même lorsqu'ils ont accepté la succession purement et simplement;

2° Les héritiers de l'héritier réservataire;

3° Les ayants cause de l'héritier réservataire.

Ne peuvent pas demander la réduction :

1° Les donataires et les légataires du défunt;

2° Les créanciers du défunt. Toutefois le principe que les créanciers du défunt n'ont aucun droit à la réduction et n'en peuvent profiter doit s'entendre en ce sens, que lorsque les patrimoines du défunt et de l'héritier resteront séparés, les biens obtenus par la réduction feront partie des biens personnels de l'héritier, ce qui arrive lorsque l'héritier réservataire accepte sous bénéfice d'inventaire ou même au cas d'acceptation pure et simple, lorsque les créanciers du défunt demandent la séparation des patrimoines. Cette règle ne reçoit son exécution que lorsqu'il s'agit d'une donation; car les legs ne s'acquittent que toutes dettes payées.

Pour savoir s'il y a lieu ou non à opérer la réduction, c'est-à-dire si la réserve a été entamée et dans quelle proportion elle l'a été; on fait le total des biens laissés par le *de cujus* dans sa succession, on y ajoute fictivement ceux dont il a disposé par donation entre-vifs; on déduit les dettes, et on calcule sur ce qui reste, quelle est, eu égard au nombre et à la qualité des héritiers réservataires qu'il laisse, la quotité dont il a pu disposer. La valeur des biens dont il n'a pas disposé est-elle supérieure ou égale à la réserve ainsi déterminée? les libéralités sont maintenues. Est-elle inférieure? elles sont réduites.

Si le *de cujus* laisse plus de biens que de dettes, on peut opérer comme nous venons de le dire, mais, au cas contraire, la totalité des biens existants étant absorbée par les dettes, il faut en faire abstraction, agir comme si le *de cujus* n'avait laissé ni dettes ni biens, et calculer la réserve d'après la masse des biens donnés.

La masse des biens laissés dans la succession se compose des meubles et des immeubles dont le *de cujus* était propriétaire au moment de son décès. L'estimation s'en fait suivant leur état et leur valeur à l'ouverture de la succession.

La masse des biens donnés se compose de tous les biens dont le *de cujus* a disposé par acte entre vifs, l'estimation s'en fait d'après leur état au moment de la donation, et leur valeur au moment du décès du donateur.

La réduction ne doit atteindre que les libéralités qui ont entamé la réserve, c'est-à-dire qui ont été faites après celles qui ont absorbé la quotité disponible.

Si le *de cujus* n'a fait que des donations, la réduction s'opère en commençant par la dernière, et ainsi de suite, en remontant des plus récentes aux plus anciennes. Ce principe est fort juste et donne une garantie de plus à l'irrévocabilité des donations.

Si le *de cujus* n'a fait que des legs, comme tous ne produisent leur effet qu'à la même date, la réduction s'en effectue au marc le franc, c'est-à-dire proportionnellement, quelle que soit la nature des legs, à moins que le testateur n'ait formellement déclaré qu'il entend que tel legs soit acquitté de préférence aux autres, auquel cas le legs ne sera réduit qu'autant que tous les biens de la succession ne suffiraient pas à compléter la réserve.

Si le *de cujus* a fait tout à la fois des donations et des legs, on commence par réduire les legs et on ne touche aux donations qu'autant que les biens légués ne suffisent pas à remplir la réserve. Les institutions contractuelles ainsi que les donations entre époux doivent, en ce qui concerne la réduction, être assimilées aux donations entre vifs.

En principe la réduction s'opère en nature, mais elle a lieu par équipollent dans les cas suivants :

1° Lorsque les choses données sont fongibles ;

2° Lorsque le donataire a aliéné les biens à lui donnés ;

3° Lorsque le donataire soumis à réduction est lui-même l'un des héritiers réservataires, et qu'il se trouve dans la succession d'autres biens de même nature que ceux qu'il a reçus ;

4° Lorsque l'immeuble donné à l'héritier réservataire n'est pas commodément partageable, la réduction s'opère en moins prenant.

Voyons maintenant quels sont les effets de la réduction ? Quant aux legs, ils sont bien simples, elle les rend caducs pour le tout ou jusqu'à concurrence de la réserve, suivant que le testateur a laissé dans la succession plus ou moins de ce dont il pouvait disposer.

Quant aux donations, il faut distinguer : Si c'est une chose fongible qui a été donnée, la réduction résout la donation et constitue le donataire débiteur d'une chose semblable ou de sa valeur.

Mais s'il s'agit d'une chose non fongible, il faut faire une nouvelle distinction.

Si le donataire était encore, au moment de l'ouverture de la succession, propriétaire des biens qui lui ont été donnés, c'est contre lui qu'est dirigée l'action en réduction, et l'immeuble rentre dans la succession franc et quitte de toutes dettes ou hypothèques de la part du donataire, qui doit le rendre en nature. Mais il n'est pas tenu de rendre les fruits qu'il a perçus jusqu'au décès du testateur, il n'en devra compte que dans le cas où la demande en réduction aura été formée contre lui dans l'année de l'ouverture de la succession, et seulement à partir de cette ouverture, sinon il n'en sera tenu que du jour de la demande.

Si le donataire a aliéné les biens sujets à réduction, cette aliénation sera valable ou ne le sera pas, suivant qu'il pourra ou non parfaire la réserve avec ses biens personnels.

S'il ne le peut pas, les héritiers réservataires revendiqueront contre les tiers possesseurs les biens soumis à la réserve, en ayant soin préalablement d'établir l'insolvabilité du donataire par la discussion.

POSITIONS.

I. Les conditions qui ne sont pas purement potestatives sont-elles permises dans les donations entre vifs?

II. N'est-ce pas par erreur que le Code assimile les donations aux testaments dans l'art. 900?

III. L'art. 901 dit-il quelque chose de plus que l'art. 504?

IV. La capacité du donateur doit-elle durer jusqu'au moment de la notification de l'acceptation?

V. L'enfant renonçant compte-t-il pour le calcul de la réserve?

VI. Si les frères et sœurs qu'a laissés le *de cujus* renoncent à la succession, l'ascendant a-t-il droit à la réserve?

VII. La quotité disponible entre époux est-elle extensive de la quotité ordinaire?

VIII. L'enfant naturel reconnu a-t-il droit à la réserve?

Vu par le Président de la thèse,
BUGNET.

Vu par le Doyen,
C.-A. PELLAT.

www.ingramcontent.com/pod-product-compliance
Lightning Source LLC
Chambersburg PA
CBHW060704050426
42451CB00010B/1270